走遍世界很简单

ZOUBIAN SHIJIE HENJIANDAN

阿尔巴尼亚大探秘

AERBANIYA DATANMI

知识达人 编著

成都地图出版社

图书在版编目（CIP）数据

阿尔巴尼亚大探秘/知识达人编著．—成都：成都地图出版社，2017.1（2021.5 重印）
（走遍世界很简单）
ISBN 978-7-5557-0275-7

Ⅰ．①阿… Ⅱ．①知… Ⅲ．①阿尔巴尼亚—概况
Ⅳ．① K954.1

中国版本图书馆 CIP 数据核字 (2016) 第 079925 号

走遍世界很简单——阿尔巴尼亚大探秘

责任编辑：魏小奎
封面设计：纸上魔方

出版发行：成都地图出版社
地　　址：成都市龙泉驿区建设路 2 号
邮政编码：610100
电　　话：028－84884826（营销部）
传　　真：028－84884820

印　　刷：唐山富达印务有限公司
（如发现印装质量问题，影响阅读，请与印刷厂商联系调换）

开　　本：710mm×1000mm　1/16
印　　张：8　　　　　　　字　　数：160 千字
版　　次：2017 年 1 月第 1 版　印　　次：2021 年 5 月第 4 次印刷
书　　号：ISBN 978-7-5557-0275-7
定　　价：38.00 元

前　言

　　美丽的大千世界带给我们无限精彩的同时，也让我们产生很多疑问：世界上到底有多少个国家？美国到底在什么地方？为什么奥地利有那么多知名的音乐家？为什么丹麦被称为"童话之乡"？……相信这些问题经常会萦绕在小读者的脑海中。

　　为了解答这些问题，我们精心编写了这套《走遍世界很简单》系列丛书，里面包含了世界各国丰富的自然、地理、历史以及人文等社会科学知识，充满了趣味性和可读性，力求让小读者掌握最全面、最准确的知识。

　　本系列丛书人物对话生动有趣，文字浅显易懂，并配有精美的插图，是一套能开拓孩子视野、帮助孩子增长知识的丛书。现在，就让我们打开这套丛书，开始奇特的环球旅行吧！

路易斯大叔

美国人，是位不折不扣的旅行家、探险家和地理学家，足迹遍布全世界。

多多

10岁的美国男孩，聪明、活泼好动、古灵精怪，对一切事物都充满好奇。

米娜

10岁的中国女孩，爸爸是美国人，妈妈是中国人，从小生活在中国，文静可爱，梦想多多。

目　录

目 录

引 言

　　时间过得真是快呀，又该进行一次欢乐的旅行了。路易斯大叔天天拿着地图研究，琢磨着这次出行的目的地。

　　"我想去一个欧洲国家，这样交通会方便些，而且条件也会更舒适。"多多站在路易斯大叔身旁，提出了自己的建议。

"我希望去一个风景优美，又有很多名胜古迹的国家。这样我们能一边观赏景色，一边学到知识。"米娜也发表了自己的想法。

路易斯大叔笑着说："啊呀，你俩的要求越来越高啦，真是不大容易满足呢……"他的手指在世界地图上不断移动位置，过了好半天，才惊喜地喊了一声，"哈哈！我找到一个好地方了，这里既能满足多多的要求，也能满足米娜的要求！"

米娜和多多不相信地看着路易斯大叔，异口同声地问："别卖关子嘛路易斯大叔，到底是哪里啊？"

"你们自己看嘛！"路易斯大叔指了指地图，"我们这次要去的地方并不著名，但是非常有特色。它地处欧洲，虽然没有繁华的都市，但是历史悠久，别具风情，相信你们一定会喜欢它的！它的名字是——阿尔巴尼亚！"

　　"阿尔巴尼亚啊……"米娜想了想说，"我在书上读到过，这个欧洲国家面积不大，只有2.87万平方公里，人口也不到300万。但这个国家山地和丘陵的面积占到全境的四分之三以上，所以被称为'山地之国'呢。我想那里一定是个风景很美的国家吧。"

　　多多佩服得五体投地："米娜你真是博学啊，什么都知道。但是我想知道，那里有什么好看的好玩的？大叔你可不能让我们失望呀！"

　　路易斯大叔哈哈大笑："放心，保证不让你们失望。那里有很多古老神秘的城堡，有美丽迷人的风景，还有充满异国风情的文化，你们在那儿啊，一定会玩得很开心的。"多多和米娜听了，顿时兴奋起来。

　　"不单单是这些，那里还有漂亮的保护区，有很多美丽的动物，也有许多美味的食物。另外，阿尔巴尼亚人也是非常好客的，他们会非常热情地招待远方来的客人。"

　　听到路易斯大叔说的这些，喜欢美食的多多和米娜又开始流口水了，他们都期待着能够吃到让他们难忘的美味。

"路易斯大叔，那我们第一站要去哪里呀？"多多已经开始期待新的旅程了。

米娜也是一脸热切的表情。路易斯大叔看到两个人这么期待，就笑呵呵地告诉他们："我们第一站将要去阿尔巴尼亚的首都，也是这个国家最大的城市——地拉那。这可是一座非常美丽的城市，又因为地处亚德里亚海东岸，所以被誉为'亚得里亚海明珠'哦。"

听到路易斯大叔说第一站去的就是首都，两上孩子想那里肯定有很多值得期待的理由了。两个孩子欢呼着，跑回各自的房间，开始打包行李。

　　随着飞机的呼啸而起，多多和米娜的心也飞到了那个陌生的国家，他们期待飞机能够快点飞，他们想早一点儿看到那个神秘国家的真实面貌。在飞机上，路易斯大叔告诉他们，阿尔巴尼亚国旗上有一只黑色的双头雄鹰，看起来非常有气势，因此阿尔巴尼亚也被称为"山鹰之国"。接着，路易斯大叔又讲了许多关于阿尔巴尼亚的事情，使多多和米娜对这个国家有了初步的了解。

　　多多坐在靠近舷窗的位置，他透过窗户往飞机下面张望了一会儿，若有所思地说："米娜，你告诉我这个国家国土有四分之三的地貌都是山地和丘陵，真的是这样啊！你看下面，有好多山，还有弯弯曲曲的河流、大片大片的森林和亮晶晶的湖泊……"米娜和路易斯大叔听了，也争着向舷窗外张望，脸上露出向往的神色。没过多久，飞机就降落在了地拉那的机场，他们在阿尔巴尼亚的第一站终于到了。

第1章

斯坎德培广场

到达阿尔巴尼亚首都地拉那后，三人先在酒店休息了一天。第二天一大早，多多和米娜就精力充沛地起了床，兴冲冲地找到路易斯大叔，问他们今天要去哪里玩。

路易斯大叔笑眯眯地告诉多多和米娜，今天要带他俩去逛逛地拉那最著名的斯坎德培广场。"这座广场本身，以及它周围的建筑，都是地拉那

的标志。而且，这也是当地居民喜欢的休闲去处，在那里咱们还能够好好体验一下地拉那的风土人情。"

说完，路易斯大叔就带着多多和米娜出发了。在去斯坎德培广场的路上，路易斯大叔告诉他们，这个广场是为了纪念阿尔巴尼亚的民族英雄斯坎德培而建造的，所以广场的名字叫作斯坎德培广场。原来这个广场还有这样的历史意义，多多和米娜更感兴趣了。

很快，他们就来到了斯坎德培广场。远远望去，整个广场非常宽阔，在不远处有一座巨大的人物雕像，他威风凛凛地骑着马，看上去很有英雄气概。

多多眼珠一转，问米娜："博学的米娜啊，你能不能猜猜看，这座雕像表现的是哪位大英雄呢？"

米娜歪着头想了一下，就给出了答案："既然这座广场是为英雄斯坎德培而建

的，又是以他的名字命名，那这个雕像肯定就是斯坎德培啦！"她转过头去问路易斯大叔，"大叔，我猜得对吗？"路易斯大叔笑着对她比出了大拇指。

"哈哈，跟我猜的一样！"多多抓着路易斯大叔的胳膊摇晃，"大叔，多给我们讲讲这位英雄的故事嘛！"

路易斯大叔笑着答应了，对两个孩子耐心地讲解着："斯坎德培曾经是奥斯曼帝国的军事统帅，但是后来他又领导阿尔巴尼亚脱离了奥斯曼帝国，赢得了祖国的独立，因此被阿尔巴尼亚人看作民族英雄。据说他领导过25次战争，其中有24场获得了胜利，这在古代军事史上可是很了不起的成就哦！因此，有人将他称为'阿尔巴尼亚的亚历山大'，将他与军事奇才亚历山大大帝相提并论。阿尔巴尼亚人非常尊敬斯坎德培，如今他们国旗上的双头鹰图案，就来自斯坎德培的图章。你们看，这雕像多么威风凛凛！斯坎德培横刀立马，还戴着他那顶赫赫有名的山羊头盔呢，这可是这位民族英雄的标志性物件啊。"

多多和米娜仰望着英勇的斯坎德培的雕像，心中充满了对这位传奇英雄的敬佩。

这个时候，广场上有很多当地人，他们三五成群，大部分都是和家人一起来的，这里是他们日常休闲的地方。很多大人领着孩子们在广场上喂鸽子，偶尔有些调皮的孩子会跑过去追赶鸽子，这时候鸽子会一群群地飞起来，但是飞不远，就又停下来了，可能它们已经习惯了接受当地人的食物了吧。

广场南部，斯坎德培骑马雕像附近有很多的汽车驶过，速度很快，与这形成鲜明对比的，是广场内孩子们的塑料小汽车。孩子们也都是汽车爱好者，开着他们自己的小汽车，在广场上飞奔着，也许他们心里还有一个很大的关于汽车的梦想吧，也许在他们之中以后就会出现一些赛车手呢。

　　踩着脚下的大理石，多多和米娜惊叹于这些石头的规则和统一，路易斯大叔告诉他们，建设这座广场的石料全都是从阿尔巴尼亚最好的石料产区开采出来，然后经过精心挑选以后才运到这里的，这也体现了人们对民族英雄斯坎德培的敬重。多多和米娜没想到一个普通广场的石料还这么有来头呢。

　　看到远处那些玩得正高兴的小孩子，多多和米娜也忍不住想去玩一下了，但是他们感觉自己比那些小孩子大多了，还是跟着路易斯大叔看看这个广场，多了解一些当地的故事，对他们的吸引力更大一些。想到这里，多多拿出了口袋里的棒棒糖，分给米娜一根，准备一边吃糖，一边听路易斯大叔讲故事。

　　就在这个时候，在多多和米娜不远处的地方，两个小孩子的小汽车发生了碰撞，两个小孩子摔倒了，其中一个小孩子哇哇大哭起来。他们

的父母也都走上前去，拉起小孩子，安慰他们。这个时候，米娜走到了小孩子的身边，给他们每个人一个棒棒糖。虽然语言不通，没法沟通，但是在小孩子们看来，这个姐姐的笑容是非常甜美的，他们接过棒棒糖，很快就不哭了，孩子的父母也非常感谢米娜，米娜心里别提多高兴了。

　　路易斯大叔看到米娜的做法，露出赞许的微笑。米娜却没有注意，望着斯坎德培的雕像出神，喃喃地说："我想，斯坎德培虽然是一位战无不胜的大英雄，但他一定也喜欢孩子们的欢笑声。真希望从今往后，世界上再也没有争执，人们都和睦友爱地相处。"

　　多多和路易斯大叔都被米娜的话感动了，路易斯大叔笑着说："米娜，你真是个有爱心的好孩子。"就这样，三个人在斯坎德培广场逛了好久，直到天色晚了才恋恋不舍地离开。

第2章

国家历史博物馆

"你们知道了解一个国家历史最简单的途径是什么吗？"
路易斯大叔一边喝着咖啡，一边问多多和米娜。

多多和米娜听到路易斯大叔的问题，一时间还真想不起来答案，
两个人都在仔细思考着。

"我觉得应该是博物馆吧，因为博物馆里有各种各样的文物和各个时期的历史记载，这些最能体现一个国家的历史了，所以去博物馆才是了解一个国家的最简单的途径。我说得对不对呀，路易斯大叔？"多多笑着对路易斯说道，睁大眼睛看着路易斯大叔，期待得到他的肯定。

米娜这个时候也跟着说是博物馆。

听到多多和米娜的回答，路易斯大叔很高兴，并且告诉他们要带他们去阿尔巴尼亚的国家博物馆看看，去了那里就可以更好地了解阿尔巴尼亚了。听到路易斯大叔的话，多多和米娜都非常高兴。

路易斯大叔带着多多和米娜出发了，很快就到了国家博物馆。

远远看去，博物馆是一个类似四方形的建筑，外表很普通，唯一让多多和米娜觉得这里是博物馆的就是正门上面的那些壁画了。壁画中有许多人，多多和米娜不是很了解，于是便向路易斯大叔请教。

"这是国家博物馆非常有名的镶嵌壁画《阿尔巴尼亚》。整个壁画非常精美，讲述了从伊利里亚时代开始的一些战争和成就，一直讲到第二次世界大战。了解了这些壁画的内容，就了解了阿尔巴尼亚的一大部分历史。"路易斯大叔笑呵呵地对多多和米娜说道。

　　"那壁画是在上面，隔那么远，也看不太清，附近也没有说明，我们怎么了解阿尔巴尼亚的历史呢？"

　　多多首先提出了自己的疑问，这也正是米娜想要问的。

　　"不用着急，这些壁画的内容在博物馆里面也会有专门讲解的。"说完这句话，路易斯大叔就带着多多和米娜走进了博物馆。博物馆里面有很多展厅，他们最先看的就是那些关于历史展示的展厅，

很多的文字资料和一些文物都被放在一个个展柜里。路易斯大叔一边看，一边给两个孩子讲解着，多多和米娜听得非常认真，他们也想多了解一些阿尔巴尼亚的历史。

几个人在博物馆内走走停停，突然，一把闪亮的冲锋枪吸引了多多的注意。"这是什么枪？看起来很普通嘛，怎么还放在这种特制的柜子里？"多多用英语问馆长。

"哦，这个机枪虽然看起来很普通，但它在历史上可是赫赫有名！"馆长介绍说，"二战时期臭名昭著的大独裁者墨索里尼就是死在这把枪下。意大利抵抗游击队在1945年4月28日处死了墨索里尼，后来，抵抗游击队的一名队员，即墨索里尼死刑的执行者瓦特·奥迪

西奥把这把冲锋枪作为礼物送给了阿尔巴尼亚。"路易斯大叔他们点头感叹，馆长严肃地说："现在这把枪放在这里，是为了警示世人，和平来之不易，我们一定要珍惜并维持现在的和平生活。"

接着，馆长又带着他们参观了博物馆其他馆藏，这里有阿尔巴尼亚的很多文物，有的是日常生活中常用品，有的是精美的艺术品，还有许多画，展现了阿尔巴尼亚的文化和历史，非常值得一看。多多和米娜还会时不时提出自己的疑问，而馆长也会详细地给他们解释，这使得他们对这些文物和文物后面的故事有了更深入的了解。多多和米娜感觉这些展品仿佛把他们带进了阿尔巴尼亚的历史中，一幅幅相关的画面浮现在他们的脑海中。

　　一圈转下来，多多和米娜对阿尔巴尼亚有了更多的了解，路易斯大叔也对馆长的热情解说表示了感谢。走出博物馆，看到博物馆前面穿行的汽车和骑自行车的人们，多多和米娜感觉他们好像从历史中又回到了现实。经过一整天的参观，多多和米娜也累了，但是他们很高兴，觉得收获很大。路易斯大叔带着他们回到住处休息，后面还有很多更好玩、更有意思的地方等着他们呢。

第3章

突飞猛进的建筑业和满街的奔驰车

"来了几天了，你们对阿尔巴尼亚有什么特别深刻的印象吗？都说一说。"路易斯大叔一边喝着咖啡，一边对围在身边的多多和米娜说道。

"我觉得阿尔巴尼亚人很友善，总有陌生人向我们微笑致意，让人觉得很温暖。"米娜总结完，又补充了一句，"还有，这里像是一

个大工地，到处都是大机器，到处都在盖楼房、修路，感觉这里的建筑业好发达呀！虽然也造成一定的交通不便，但是我想，再过几年来看的话，这里一定是一派崭新的美丽景象！"

路易斯大叔表示同意："阿尔巴尼亚确实是一个正处于迅速发展期的国家。这里以前的建筑很落后，道路状况也不太好。你们知道吗，全国面积近3万平方公里的阿尔巴尼亚，以前只有9公里的高速公路……"

"9公里？不可能！"多多太吃惊了，以至于打断了路易斯叔叔的话，"9公里的话……能到哪里啊？"

路易斯叔叔笑着看了看他："的确很难让人相信。以前这里的路况也很糟糕，从首都地拉那到都拉斯只有40公里的路，开车却要1小时才能到；而从地拉那到萨兰达，200公里的路，竟要走6个小时！现在政府意识到了糟糕的路况对当地经济和旅游业的限制，所以正积极努力地改变这种情况，各地都在修建新公路。我想，在不久的将来，这里一定也能变得畅通无阻。"

多多和米娜都点点头。多多突然一拍脑门，说："对了，关于阿

尔巴尼亚，还有一个特别的现象，我一直很好奇——虽然感觉这里经济条件一般，比不上很多繁华的都市，但是路上却有很多车都相当不错呢！不知道你们注意到没？街上几乎全是奔驰车……"

米娜撇了撇嘴说："你就喜欢看车，我都没留意这些。"

"哈哈，这个问题你也发现了，我就知道你肯定会问这个问题。其实，这也算是当地一个独特的现象吧。阿尔巴尼亚人口不到300

万，现在私家车的数量也有15万左右了，可能你们都想不到，这其中奔驰车竟然能占到10万辆左右。在大街上，你看到10辆车就会有五六辆可能是奔驰。"路易斯大叔笑着对多多和米娜说道。

"对呀，对呀，我们在大街上的时候，看到眼前跑过的车很多都是奔驰，真是太有意思了。这么多的奔驰车，难道阿尔巴尼亚有非常非常多的有钱人吗？"多多好像有数不清的问题一样，不停地追问。

"这倒不是，阿尔巴尼亚的这些奔驰车大部分都是二手的，其实是非常便宜的。人们花很少的钱就能开一辆自己喜欢的名车，这不是很好的事情吗？"路易斯大叔看着多多，向他解释道。

多多也点了点头。

　　"有的时候，我就看到一个破落的小院子里停着一辆奔驰车，感觉这个对比特别强烈，可能这样一辆车能让主人内心变得更加自豪、更加强大吧。"米娜也说起了自己对于这个问题的看法。

　　"是呀，这些人虽然贫穷，但是他们通过努力，拥有一辆自己喜欢的车，对他们的生活是一种鼓励，他们会生活得更有希望，这对他们来说非常重要。"路易斯大叔也赞同米娜的看法。

　　"等我长大了，考上心仪的大学之后，就去打零工攒钱，然后买一辆喜欢的车，即使是二手车也无所谓，作为对自己的奖励和鼓励……"多多已经在畅想未来了。

"你呀，还是先做到每次考试都能取得好成绩吧。"米娜适时地给他泼了一盆冷水，多多顿时没了畅想的兴致。

"也不能这么说。人嘛，有个奋斗目标总归是件好事。"路易斯笑眯眯地为多多解了围。

走在阿尔巴尼亚的街头，到处都是奔驰车的影子，可以说奔驰车已经是寻常百姓家的车辆了，如果你去问一个阿尔巴尼亚人，他会自

豪地告诉你阿尔巴尼亚是人均拥有奔驰车最多的国家，这也是他们值得自豪的地方。

　　路易斯大叔向他俩介绍完毕，然后补充说："尽管阿尔巴尼亚现在的路况不算好，相对于大部分欧洲国家来说，经济也欠发达，但阿尔巴尼亚人对待生活的态度却让人很欣赏。他们喜欢奔驰车，追求生活品质，而且不知道你们注意到没有，这里的咖啡馆也很多，阿尔巴尼亚人喜欢享受上好的咖啡，以及和朋友、亲人相聚的时光。我想，这种积极追求高品质生活的态度，一定能为他们更好地建设祖国提供动力。"

第4章

地拉那的净化行动

　　地拉那是个美丽的城市，街道边都是郁郁葱葱的棕榈树，建筑物色彩鲜艳，在灿烂的阳光下显得生气勃勃。但是，跟一些发达城市比起来，地拉那也的确还存在很多问题。比如，城内杂乱建筑太多，街道也不太干净，有些地方还没有红绿灯等基本的交通设施。

　　多多和米娜将自己的这些感受告诉了路易斯大叔，路易斯大叔听完后呵呵笑了起来。他告诉多多和米娜，地拉那政府已经意识到了问题，并且已经着手改进了。最近政府就发

起了一项"净化行动"，目的就是让城市
变得更加美好、更加漂亮。

　　"哦。真的是这样的话就好了，我相信地拉那肯定会变得更好
的。"米娜听到路易斯大叔的话高兴起来了。

　　"那政府到底采取了哪些措施来改善城市环境呢？其实很多正处
于发展中的城市都面临着这样的问题，如果地拉那人做得好，大家都
可以学习他们的办法啊。"多多更关心这个问题。

　　"其实，政府很多年之前就开始做工作改善城市环境了，只是最
近这个'净化行动'更加具体、更加详细罢了。比如，地拉那的汽车
很多，但是整个城市的红绿灯很少，很多斑马线也非常模糊，司机随

意停车等各种交通违规行为很多，这对于整个城市的市容而言是很不好的。为了改变这种状况，政府加大了宣传力度，号召司机自觉遵守交通规则，同时，政府专门机构负责根据道路具体需要增加红绿灯数量，加强执法力度。现在地拉那的交通违规现象已经几乎没有了，来这里的游客都对地拉那的交通评价很高。"路易斯大叔说道。

"我看到地拉那有很多建筑工地，都在建楼房，这是不是也是政府'净化行动'的一部分呀？"米娜听完路易斯大叔的话，接着又有了自己新的疑问。

"是呀，最近5年来，地拉那的建筑业飞速发展，不论是在城区还是在郊区，都在建造大量的新楼房，这不但能够改变地拉那的城市面貌，还能很好地推动整个城市的经济发展，政府非常支持建筑业的发展。"路易斯大叔继续解答着疑问。

"我们前两天在市区的时候，我看到拉那河边也有一些挖掘机，那里也在准备建造楼房吗？"多多也有自己的问题，忍不住问起了路易斯大叔。

　　"这你就错了，那里不是在建设新楼房，而是在拆除很多年积累下来的违章建筑。那些违章建筑对于城市市容有很不好的影响，这是个很麻烦的问题，牵涉到很多人的利益，也会有很大的阻力，但是为了让地拉那变得更好，政府还是强制执行了拆除行动。"路易斯大叔说道。

　　"哦，看来政府为了改善城市环境下了很大的决心呀，要不也不会这么坚决呀。"多多继续说道。

　　"是呀，你没看到河边竖立着一块牌子吗，那块牌子上的内容就是'净化拉那河，建设清洁绿色的地拉那'。由此可以看出政府的决心很大呀。"路易斯大叔还是非常认真地解答着多多和米娜的每一个疑问，直到他们满意为止。

　　路易斯大叔告诉多多和米娜不光在这些方面，在别的很多方面，政府也做了大量工作，其目的只有一个，那就是让阿尔巴尼亚的首都

变得更漂亮，毕竟首都是一个国家的门面，代表着国家的形象呀。

多多和米娜也觉得政府是非常用心的，而这些措施也得到了绝大多数普通地拉那人的支持，毕竟这可以很好地改善他们的生活环境，让他们生活在一个更美的城市里。

"其实'净化行动'方便的不仅仅是当地人，比如最近几年地拉那新开设了很多商店，都是面向游客的，这里的店员都会简单的英语，购物环境也得到了极大的改善，这也让前来旅游的游客感觉非常便利。还有，地拉那的机场很小，每天起降的飞机不多，为了更方

　　便游客，地拉那政府重新设计了机场，施工计划也已经在进行中。相

信在不久的将来，一座漂亮的机场就将成为地拉那新的地标性建筑

了。"路易斯大叔继续说道。

　　听完路易斯大叔的话，多多和米娜对于这个问题深有感触，他们

也表示赞同，这些天来他们感受到了作为游客的很多便利。他们觉得

政府的"净化行动"肯定会让地拉那变得更加漂亮，他们也期待着下

次再来到这里的时候，能够有一个更加漂亮的地拉那等着他们。

地拉那

　　地拉那是阿尔巴尼亚首都，也是阿尔巴尼亚最大的城市，是阿尔巴尼亚的经济、文化和交通中心。阿尔巴尼亚中西部的伊什米河就在地拉那旁边，距离亚得里亚海大约40千米，人口约70万。

　　地拉那东面、南面和北面三面环山，刚好处于山间盆地，受地形影响，冬季温湿，夏季干热。最初的时候，是在17世纪由一个将军建立的，为了吸引更多的人，他建设了很多基础设施，后来不断发展，逐渐成为了商业中心，人口也不断增多。现在，政府通过"净化行动"使得地拉那发展得越来越好了。

第5章

马尔蒂山观夜景

　　今天天气很好，路易斯大叔建议去爬马尔蒂山，米娜赖在被窝里不肯起来，多多也帮着大叔催促米娜赶紧起床。要知道马尔蒂山离市中心可是有一段距离呢，想要好好玩就得早早出门，趁着早晨气温凉爽爬上

去，中午热的时候就可以在山上休息了。

"好吧好吧！"躲不过的米娜只好配合他们两个去爬山。

出门以后坐车，过了好一会儿，他们终于到达地拉那市郊的马尔蒂山脚下。刚刚跳下车，多多便跃跃欲试地想要一鼓作气爬上山去，可是米娜看看高高的山顶，叹了口气说："唉，好累啊！你们去吧，我在这里等着你们。"

"你们看那是什么？"路易斯大叔用手向不远处一指，多多和米娜顿时惊喜的叫出声来："缆车！"

他们两个可顾不上等路易斯大叔呢，跑步来到了缆车里，等到

路易斯大叔和其他游客都到齐了，缆车就缓缓地开动了。只见六面都是玻璃的缆车从山上的丛林上穿过，茂密的森林像是长了脚一样飞快的跑到山脚下，而缆车载着他们向山顶冲去。

多多和米娜在缆车里既兴奋又紧张，紧紧地抓着扶手，绕着缆车的四面一遍一遍的向外面看，生怕错过了什么稀有的风景。

不多一会儿，缆车就开始减速了，山顶也就到了。

大叔告诉他们今天就住在山上了，两个孩子于是特别期待夜晚的降临。他们走出那个多边形的酒店到处转了转，发现酒店上方的咖啡厅特别别致，它像一个玻璃的帽子一样盖在多边形酒店的上方，等进到咖啡

厅里才发现，这是一个旋转咖啡厅，里面的墙都是透明的，通过360°的旋转可以看到外面任何方位的景色。路易斯大叔带着多多和米娜点了三杯咖啡，一边品尝一边从旋转的摩天咖啡厅里向外欣赏地拉那的风光，那里的街道和房屋像积木一样，而汽车还比不上平时玩的玩具汽车大，实在是太有意思了。

喝完咖啡，路易斯大叔告诉他们这里还有另外的惊喜呢，不知道大家的运气好不好能不能遇见。

"那我们就去碰碰运气吧！"敢于挑战的多多说。

于是三个人走出咖啡厅，来到山上的小路上，静谧的小路不时有小动物跑过。

"难道这就是路易斯大叔说的惊喜？"米娜指着那些小兔子、小老鼠问路易斯大叔。

"当然不是！"

"海龟！"多多忽然惊呼，"哇，好大的海龟呀！路易斯大叔，这就是您说的惊喜吗？"

循着声音看过去，米娜也看到了一只大大的乌龟，足足有五六斤

重，原来这就是路易斯大叔说的"惊喜"，而他们很幸运地遇见了。

"这附近没有海，这只海龟是从哪里来的呢？"米娜疑惑道。

"这不是海龟，这是山龟。"大叔纠正他们的错误。

路易斯大叔告诉他们，在阿尔巴尼亚，人们没有食用乌龟的习惯，所以这些山龟能够存活很多年，随着年龄的增长，它们也变得越来越大、越来越珍贵了！而在有的国家，比如中国，乌龟是一道很好的菜肴，要是被人们碰见这么大的乌龟早就做菜吃了！

"确实，"米娜对路易斯大叔的话深有同感，"中药里还有一味叫作醋龟板的东西呢，就是用的乌龟的壳做原料，如果在我们中国，这只乌龟可全身是宝啊！"

在回山顶酒店的路上，天慢慢地黑了，大叔说的美丽的傍晚也来临了，只见天上挂着多彩的晚霞，夕阳也不那么刺眼了，像一个挂在天上的笑脸慢慢地和人们道出了再见。

第6章

人工湖自然公园垂钓

马尔蒂山带给多多和米娜的兴奋劲儿很快就过去了，百无聊赖之际，路易斯大叔问多多和米娜想不想去钓鱼。

"钓鱼？好啊！"多多兴奋地回答道。

"可是这里这么多山和丘陵，去哪里钓鱼呢？"米娜讪讪地说。

"难道，路易斯大叔是想带我们去海边？"多多问道。

"哈哈，这里离海边很远呢，可是这附近就有人工湖啊！我们可以去那里钓鱼。"路易斯大叔笑着回答。

"人工湖？那就是人开挖的哦？看样子也不会有多大。"多多的好奇心也被打击了不少。

"就是，"米娜也表示反对，"我才不想去人工湖，我们家的小区里就有人工湖，只有巴掌大的面积，都是不流动的死水，时间长了水的味道还怪怪的，更别提有鱼了。"

"哈哈，你们真是孤陋寡闻了吧？谁说人工湖就不大的？难道人工湖都要像住宅小区里的那么巴掌大吗？今天带你们去看一个不一样的人工湖！"路易斯大叔自顾自地说。

　　不过反正多多和米娜也没有更好的去处，而且两个孩子独自上街也是不安全的，所以他们只好跟在路易斯大叔屁股后边，向人工湖出发了。

　　从酒店驱车，不多一会儿就来到了一片宽阔的水域旁，看着那开阔的沙滩、小鸟、躺椅和垂钓的人，多多惊奇地喊道："大叔，快停下，到海边了，我们不去人工湖了，就在这儿钓鱼吧！"

　　"不行，今天说好了去人工湖，我可不想打乱计划，我们还是接着走吧！"路易斯大叔故意惹他着急。

　　"好大叔，求求你了，我们就在这儿钓鱼吧！"米娜也过来帮腔。

　　路易斯大叔笑呵呵地看着两个小朋友，给他们指了指路边的牌子："看看那是什么！"

只见指示牌上用英文写着"人工湖"。哈哈，原来大叔是逗小朋友开心，这片开阔又纯净的水域居然是人工湖!

多多和米娜来不及到达停车场，便催促司机停车，打开车门飞奔到湖边。

顿时感觉一阵凉爽的微风迎面而来，带着阿尔巴尼亚地区特有的味道，多多和米娜仿佛闻到了这纯净的湖水中肥美的鱼的味道。在稍浅一些的地方还有不少人穿着泳衣游泳，米娜真后悔低估了路易斯大叔的话，没有把自己的泳衣带来，不然一定可以好好秀一下自己的游泳技巧了。

路易斯大叔找了个僻静的地方坐下，打开携带的钓具包，拿出鱼竿，挂上鱼饵，轻轻地一抛，鱼线就稳稳地落在了湖水中，静静地等待鱼儿的上钩。多多和米娜蹲在一旁看着路易斯大叔钓鱼，小声地说着话，怕惊跑了准备咬钩的鱼。可是左等右等，还不见一条鱼上钩，两个人等得不耐烦了，开始在湖边上东转转西看看，发现这里有不少钓鱼的人，他们的小桶里已经有不少条鱼了，看来

这湖里不是没有鱼，而是饮食习惯不同，吃不惯路易斯大叔带来的外国饵料啊！

他们又折返回去，给一无所获的路易斯大叔加油，路易斯大叔却也并不着急，一边钓鱼一边给他们讲这个人工湖的历史。

"这个人工湖底下有房子呢，你们信不信？"路易斯大叔问。

"我不信！"多多说，"怎么往湖水里面盖房子啊？况且混凝土在水里也不凝固，垒的砖都粘不到一块儿，在湖里是不可能盖成房子的！"

"那你想一想有没有可能是先盖的房子呢？"路易斯大叔提醒道。

"那他们为什么要在湖底盖房子？给美人鱼住的吗？"米娜的想法太天马行空了，不过她对美人鱼可是很感兴趣的！

"我告诉你们吧！"路易斯大叔说，"这个湖底原来是有人居住的，当时还不是人工湖，所以有很多的房子。这个地方原来叫库克斯，有很多居民。后来为了建造人工湖，这些人就搬迁到了现在的新库克斯，他

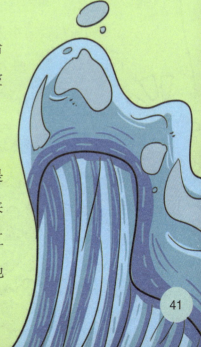

们的房子还留在原地，就理所当然被淹没在湖水中了！"

"哦，原来是这样，那他们背井离乡就为了建造这么一个钓鱼游泳的人工湖？"米娜不解地问。

"这倒不是，这个湖有一个很大的作用是发电，就像中国的三峡发电站一样。"路易斯大叔接着说，"阿尔巴尼亚是一个发展中的国家，经济基础比较薄弱，所以为了发展经济就要先兴修电力、水利，这里是欧洲水资源最丰富的国家，有好几条河流贯穿而过，这个人工湖就是一个水电站。"

"哦，原来有这么大的作用！"两个孩子感慨道。

忽然，路易斯大叔的鱼线浮动了一下，接着激烈地晃动起来，路易斯大叔赶紧收紧鱼线，一条3斤多重的大鱼上钩了，看来路易斯大叔还是不鸣则已一鸣惊人啊，钓上来这么大的一条鱼，小桶里都装不下。

钓完鱼后三个人去附近的咖啡厅简单吃了饭，大叔提议下午去看歌剧。两个孩子觉得坐在大房子里太没意思了，不想去，结果大叔告诉他们这是户外的，两个人才点头同意。

在人工湖旁边就是户外的歌剧院，观众席都是露天的，舞台上的演员穿着华丽的衣服表演滑稽的舞

台剧，虽然听不懂他们说什么，
但是就算是在音乐声里看一出默
剧也是不错的享受。

　　太阳悄悄地挂在了天的西边，阳光光线也没有那么热烈了，舞台上的演员慢慢地散去，剧场里的观众都离开了座位，多多和米娜从阿尔巴尼亚剧的沉思里走出来，离开座位和路易斯大叔向酒店的方向回去。

　　这次旅行颠覆了他们对人工湖的看法，去掉了以前在自己脑子里人工湖很小很臭的偏见，见识了阿尔巴尼亚人民为了国家背井离乡、为了幸福努力奋斗的足迹，阿尔巴尼亚人民也是伟大的！我们也要学习他们的精神，争取把自己的国家建设得富饶、美丽。

第7章

精彩的"夏节"舞蹈

从马尔蒂山回来后，他们入住了爱尔巴桑的一家酒店。爱尔巴桑在阿尔巴尼亚的中部盆地，是这里有名的文化名城，还有"花城"的美称，这里的花和法国巴黎的花可有一比。由于回来的时候已经是晚上了，他们没有看清楚，但相信天一亮多多和米娜就会被花香吸引的。

前一天玩得太高兴了，多多和米娜都睡过了头，直到听到了窗外叮叮咚咚的音乐声，他们才被吵醒。

大清早的，这是干什么呢，怎么这么热闹？

他们来到路易斯大叔的房间，看到路易斯大叔在写文章，多多和米娜便央求路易斯大叔带他们一起去街上看看。

"好啊，等我写完这一段就带你们去！"路易斯大叔说。

两个孩子静静地等待着路易斯大叔，不敢发出一点儿声响，生怕吵到他的写作，耽误了出去玩的事。

不多一会儿路易斯大叔就完成了他的创作，三个人简单地收拾了一下就走出酒店向发出声音的地方寻过去。

原来在市中心广场有一群人在跳舞，他们穿着各民族的服装，打扮得很漂亮，可是为什么大家今天都像约好了似的来这里庆祝？是在庆祝什么呢？难道是一场婚礼吗？

看出多多和米娜的疑惑的路易斯大叔告诉他们："这是阿尔巴尼亚的'夏节'盛会。"

"夏节？今天才3月14日啊！按照中国的季节，现在春分还没有到，不是应该庆祝冬节或者春节吗？难道他们'夏'的意思就是春？"米娜疑惑道。

"那倒不是，"路易斯大叔解答道，"按照阿尔巴尼亚的传统历

法，一年只有两个季节——夏季和冬季，而3月14日，也就是今天，是冬季和夏季的分界点，从今天开始人们就要开始经历夏季了，而这一天在传统上是一个隆重的日子，所以每年的今天阿尔巴尼亚的人民都会聚集起来，穿上各民族的盛装，跳着民族的传统舞蹈，庆祝夏天到来。"

"哦，原来是这样，"多多说，"那他们一共有多少个民族呢？"

"全国一共300多万人口，但是97%都是阿尔巴尼亚族，只有3%的少数民族，而少数民族主要包括希腊族、马其顿族等。你要知道，他们的宗教信仰也不尽相同呢，其中70%的居民信奉伊斯兰教，20%信奉东正教，10%信奉天主教。"路易斯大叔又给孩子们普及知识了。

"哦，那可以说阿尔巴尼亚也是一个多民族融合的国家啊！"米

娜套用官方的语言解释道。

　　"可是这里明明有四个季节的变幻的，为什么不再仔细区分一下呢？这样多不利于农民耕作啊！"听说这里是一个农业大国，多多担忧道。

　　"是的，现在阿尔巴尼亚也是有四个季节，但是夏节仍然是传统历法当中一个重要的节日，所以传统的两个季节被废除以后，夏节作为一个庆祝活动被保存下来，也成为了阿尔巴尼亚人享受生活和祝福的一个重要的节日。"

　　来到舞蹈者的人群中，米娜才看仔细他们的衣着打扮，很多人戴

着白色的帽子、穿着白色上衣和白色裤子，外面套一件毛茸茸的小马甲，腰里系着一条宽宽的编制腰带，男士穿着黑色的软鞋，女士穿着白色的皮鞋，舞者们拉着手一会儿举起一会儿落下，精彩极了。

　　据路易斯大叔介绍，这里的人相信每年的这个日子，扎娜女神就会走出爱尔巴桑城郊的庙宇，来到人家，把美丽的春天带来，所以他们用舞蹈的方式向女神祈祷，希望风调雨顺、五谷丰登。原来是这样呀，多多和米娜这下对"夏节"有了更深一步的了解。于是他们和路易斯大叔一起准备加入到庆祝的人群中，共同为阿尔巴尼亚人民祈祷风调雨顺、幸福安康。

由于正值春暖花开的季节，各种菊花、蝴蝶兰、紫罗兰等竞相开放，争奇斗艳，向游客们宣告着美好时光的到来，如果不是坐飞机安检不让带这些国外的种子，米娜真想把这些鲜花都带回去种在卧室的阳台上呢！现在只好好好珍惜这里的美丽，争取多看几眼把美景记在心里，拍在照片上。

路易斯大叔告诉孩子们，一定要好好保护我们的环境，才能够像阿尔巴尼亚一样拥有蔚蓝的天空、清新的空气和丰富多彩的动植物，才能够保证人们的生活环境自然舒适！

第8章

罗扎法特古堡

　　早晨吃过早饭后，米娜整理着她新买的公主裙，路易斯大叔看电视新闻，只有多多不知道该干点什么。于是他走到路易斯大叔跟前说："大叔你给我讲一个故事吧？你讲的故事可好听了呢！"

　　"好吧，"路易斯大叔说，"那就讲故事。"

　　听到"讲故事"三个字米娜的眼睛也亮了，她也是一个爱听故事的孩子，放下自己的公主裙，她也拿了个凳子坐在路易斯大叔跟前听他讲故事。

路易斯大叔说："我给你们讲一个古代城堡的故事吧！"

"对了大叔，城堡是干什么的啊？"多多忽然想到一个以前从没想过的问题。

路易斯大叔解释道："在古代人们过着群居的生活，而且老是有强势群体欺负弱势群体的行为，弱势群体为了保护自己就建造了这么一座城堡。他们把城堡的围墙修得高高的，叫外面的人进不去，还在城墙上修上防御的设施，万一有人攻打城堡，他们就可以回击敌人了。"

"哦，原来是这样啊！"多多若有所思地说道。

路易斯大叔继续说道："在阿尔巴尼亚的第二大城市斯库台有一座公元前2世纪修建的古堡，它的名字叫作'罗扎法特古堡'，到现在已经有2000多年的历史了，而且中间还经历过好多次的战争，但是它仍然屹立不倒。经过战争和岁月的洗礼，现在的它已经没有了当初的美丽壮观，已经不是很完整，但是还是可以从它的

身上看出古代人的勤劳与智慧。你们要知道古代可不像在咱们现代似的垒城墙、盖房子有塔吊、吊车、挖土机，古代的人都是用双手把一块一块笨重的石头垒到城墙上的，为了保证安全，还要把城墙砌得很高，很结实。所以这座城堡到现在还能坚固如初。"

"等等，大叔，你是说罗扎法特古堡现在还在那里？"多多问。

路易斯大叔说："对呀！"

"那我们可不可以去斯库台看看罗扎法特古堡？"多多又问。

路易斯大叔说："那你得问问米娜愿不愿意去啊。"

"我当然愿意去看看了，去看看古代人用他们的智慧修的城堡。"米娜说。

"那好吧，咱们现在就去看看吧！"路易斯大叔说道。

多多和米娜欢快地跑出了酒店，等到路易斯大叔走出酒店时，他俩已经拦下了一辆出租车。三个人坐上出租车，一路畅通无阻，很快就来到了罗扎法特古堡山下。

出租车停在了山脚下的停车场，路易斯大叔带着多多和米娜又走了100多米，就来到了城堡的门口。

"这城墙果然是用石头砌成的，还那么厚！"多多吃惊地说道。

"对呀，连路也是石头铺成的。"米娜附和道。

这时路易斯大叔说道："走吧，咱们到里面去看看。"

在城堡中，多多和米娜发现原来城堡是两重墙的，外围的墙比较

矮，内围的墙很高大，沿着城墙走到城堡的顶端，沿途还有一些残存的建筑。城堡虽然已经不完整了，但是依然能够看得出它们曾经很壮观，而且绝对是一个非常安全的地方！

突然，多多叫起来："快看，好大好漂亮的花盆。"

多多边说边跑过去看，路易斯大叔和米娜也紧跟其后的跑过去。走近一看，多多不好意思了，因为这不是一个大花盆，而是一口水井，井上面像是放着一个半米多高的大花盆，而且雕刻着精美的花朵。多多捡起一块石头朝井里扔去，过了好大一会儿才听到响声，由此断定这口井肯定很深，但是由于年代久远，早就已经没有水了。多多看着光滑的井口说："古时候肯定很多人在这里打水，是这一口井养活着城堡里的所有人啊。"

路易斯大叔补充道："对呀，古时候城堡里的人还会在这个井口洗衣服，小孩子会在旁边玩耍。"

"看，好漂亮啊！"米娜提醒道，多多顺着米娜手指的方向看去，只见整个斯库台尽收眼底。这个时候多多和米娜还发现了一条河，路易斯大叔说："那是德林河，上面还建有水电站，可以为斯库台市区提供电力。在城堡的北部也有一条河，叫博雅那河，河上的新桥是通往黑山和欧洲其他国家的一条主要通道，不远处就是阿尔巴尼亚和黑山的边境口岸。"多多感到这座古堡在古代肯定是非常的重要，怪不得很多战争发生在这里呢。

多多闭上眼睛，脑子里浮现出的是建造这座古堡的壮观场面，人们用双手努力地把大石头从地上搬到城墙上，手皮都磨破了。但是到了竣工的那天，人们早已忘记了当初的辛苦，相互击掌庆祝，因为有了这座城堡后他们就是安全的了。

虽然这座古堡已经不是那么完整，但是还是让多多感受到了这座古堡的魅力，它的沧桑都写在这些城墙的石头上了。不过想想人们建造这座城堡的原因，多多希望这个世界上永远没有欺凌弱小的事情和残酷的战争再发生。

第9章

斯库台博物馆的烦忧

经历了盛大的"夏节"庆祝活动，多多和米娜对阿尔巴尼亚的兴趣更加浓厚起来了，想了解的知识也更多，可是到哪里才能知道这里过去的样子呢？原来的阿尔巴尼亚人是怎么生活的？在原来落后的时代里，阿尔巴尼亚人是怎么庆祝"夏节"的呢？

带着这些疑问他们请教了路易斯大叔，路易斯大叔告诉他们说："我知道有一个地方能够告诉我们这里的过去是什么样子的，但是那个地方很危险，很破旧，而且一点儿也不好玩，你们愿意去吗？"

"我们愿意！"多多和米娜坚定地说，他们觉得自己现在是在做

一件很重大很有意义的事，就好像考古学家做的事情一样，无论如何一定要让路易斯大叔带他们到那个地方去。

路易斯大叔让他们回房间收拾自己的行李，然后他也在一边收拾装备，拿上他的大钱包，又背上了足够三个人的食物。看着路易斯大叔鼓鼓囊囊的行装，多多纳闷地问："那里没有销售食物的地方吗？为什么你要带上食物？那里很远吗？需要这么多钱做路费？"

"到了你就知道了。"路易斯大叔告诉他。听到这里，多多和米娜感觉自己像是要去探险一样，顿时打起了十二分的精神。

汽车慢吞吞地行驶了很久之后，他们终于到达了斯库台。

绕过了几条街道小巷，汽车停在了一座"民房"前，但这又不同于一般的民房，因为房子前面用阿尔巴尼亚语写着一个牌子，多多看不懂，只好请路易斯大叔来翻译，路易斯大叔告诉他这是斯库台博物馆。

"博物馆？"被惊醒的米娜惊讶地问道，"不可能吧！哪有这么小的博物馆！"她想到巴黎的卢浮宫、中国的历史博物馆等等，觉得很不可思议。

"对啊，这就是斯库台博物馆，别看它小，里面的文物可都很有价值呢！"路易斯大叔解释道。

听到"价值"两个字多多眼睛里放着光彩，流着口水，心里想：难道是一个埋藏宝藏的地方？

路易斯大叔仿佛看透了他的心思，笑着给他说："进来看看就知道了！"

热情的纯戈馆长接待了他们，告诉他们这个房子原来是一个叫库克斯的古代爱国者的家，库克斯看到这么多的珍贵文物没有安全的存放地点，就把自己的房子捐献出来当作博物馆，这里地方虽然小，但是有几千件历史文物呢！比如这顶帽子，就是斯坎德培时期战士戴的帽子。听到这里，多多拿起那顶帽子，戴在头上，装作一个战士的样子。路易斯大叔赶紧让他放下，不要把文物弄坏了，以后的人就看不到了。

有一个房间里存放的都是书籍，这些书记载了这个国家从奥斯曼时期到阿尔巴尼亚的最后一个王朝索古王朝的历史，所以对于以后的人研究这个国家的政治、经济和人民的生活活动有很大的帮助。米娜暗暗地想：说不定这里也有和我们国家的山顶洞人一样历史悠久的远古人呢！旁边是不同时期各个民族的服装服饰，看到这里米娜就想起了"夏节"上各个民族的盛装，看来都是这

些衣服演变过来的，这时候她的脑海里浮现出了人们穿上眼前的衣服载歌载舞的场景，或许古代的"夏节"就是这个样子吧！

一个小木箱里还存放着各个时期人们使用的金属货币。馆长举着一枚小小的金属币告诉他们，在当时，这个货币可以买一只羊呢！

"可是为什么要把这些东西都放在大木箱子里呢？为什么不建造更多的展厅把他们展示出来呢？"米娜请路易斯大叔翻译她的问题请教馆长。

馆长告诉他们因为没有更多的钱来支持展厅的建设，阿尔巴尼亚正处于发展时期，虽然新的展厅的设计方案已经出来了，但

是由于资金有限，迟迟未开工，只能委屈这些文物尘封在木箱里了，这也真是遗憾呢。

听到这里，路易斯大叔拿出他来之前带的钱，捐献给博物馆，支持博物馆的建设，多多和米娜这才知道大叔为什么带那么多钱出门了，也纷纷拿出自己的零用钱支持文物保护工作。

参观完博物馆后他们坐在车上吃着路易斯大叔带的食物返回酒店，经过这次经历，多多和米娜知道了食物和货币的重要性，知道了该节约的地方要节约，因为还有更值得投资的事情等着他们去做。

斯库台湖

　　斯库台湖，巴尔干半岛上最大的湖泊，面积390平方公里。雨季的时候，水面上涨，面积能达到530平方公里。原先是亚得里亚海的一个海湾，后来由于地壳运动才形成现在的湖泊。

　　斯库台湖西面是高山，东面是平原和沼泽，湖水最终流入亚得里亚海，有一定的通航能力，鱼类比较多，是很多渔民捕鱼的理想选择。周围有山有水，是动物的乐园。现在，阿尔巴尼亚和黑山已经进行合作，围绕着斯库台湖建立了一个面积广大的保护区，保护这里的自然环境和野生动物。

第10章

美味的烤鱼

经过了一段时间的旅行，多多和米娜对阿尔巴尼亚的风景名胜区和古老建筑有了一定的了解，但是实际上这里普通老百姓的生活是什么样的呢？多多对此表现出了极大的好奇。

今天他终于按捺不住，问路易斯大叔："大叔，这里的普通百姓

靠什么生活呢？他们都做什么
工作呢？"

　　路易斯大叔说："既然你们这么好奇，
那我们不妨去普通百姓的身边去看看，实际体
验一下他们的生活！"

　　"好！"多多和米娜一致赞同。

　　因为路易斯大叔告诉他们这里大部分人从事农业，所以他们打算
到农村去看一看。

　　车子驶出城市后，路边的人烟越来越稀少，大片大片的农田在马
路两边向后掠过，田野里有悠闲地吃着草的牛羊。坐了一会儿车之后
三个人决定下车走路，向汽车不能到达的地方一探究竟。

　　这里的农村并不像城市一样有鳞次栉比的房屋，而是一家一家的
独立住宅，两家互不依靠。在每家房子的周围就是他们自己的耕地，

看过去地里种的庄稼也不过是小麦、甜菜、马铃薯，并无特别之处。大概因为是农闲时节，他们并没有遇见什么人，让想了解农民生活的多多非常沮丧。

忽然，前面出现了一个小小的水塘，水塘里站着一位穿着朴素的人，弯着腰，像是在水里寻找什么似得。路易斯大叔凑上前去，正准备和他交谈，他却把一根手指放到嘴边，做出了保持安静的动作，又专心地寻找目标了。这个时候大家才看清，他手里拿着一个渔网，是在捞鱼。说时迟那时快，安安静静的捞鱼人忽然把渔网从水里提上来，一条肥美的鱼就在渔网里挣扎起来。

上了岸，路易斯大叔便用当地语言和他攀谈起来，只见他们两人一个说一个听，路易斯大叔说一句，这个捞鱼人笑着摇摇头，再说一句，再笑着摇摇头，路易斯大叔并没有显出不高兴的神情。

多多着急了，问路易斯大叔："路易斯大叔，

你在给他说什么呢？为什么他不赞同你还这么开心呢？

　　"我给他介绍了我们的来历，告诉他我们想了解这里老百姓的生活，请他给我介绍好的地方呢！他没有不赞同啊，那不是答应得很好吗？"路易斯大叔给他解释道。

　　"可是我看他对你的话都不赞同呢，您一边说他一边摇头，那不是反对吗？"多多继续说。

　　路易斯大叔这个时候笑起来，告诉两个小朋友说："我们大部分

地方的肢体语言中，点头表示YES，摇头表示NO，对吧？"

"是啊！"米娜说。

"但是在阿尔巴尼亚这里，点头表示NO，摇头表示YES。"

多多和米娜听了大叔的解释觉得难以置信，但是这时候刚才的捞鱼人已经拎起了水桶里的鱼，招呼他们一起走了，由不得两个人不信了。

在一幢二层小楼前，捞鱼人停住了步子，告诉他们这里就是自己的家。那间屋子非常宽敞明亮。路易斯大叔告诉他们这些年阿尔巴尼亚的建筑业和服务业发展很迅速，而且这个捞鱼人家里又兼营了一个小餐馆，所以可以盖这么好的房子，刚刚捉的那些鱼就是给客人吃的。

多多和米娜走出去，发现捞鱼人已经支上了烤鱼的工具，开始烤了，只见他什么佐料也不放，翻来覆去几次之后就递给多多，让多多尝一尝，吓得多多连连后退，这没滋味的鱼可怎么吃啊！

捞鱼人看出多多的顾虑，自己先吃了一口，然后表情很享受的样子，多多才敢接过来，战战兢兢地吃下一口，居然鲜美无比，想不到这样烤还有如此美味。

酒足饭饱之后，捞鱼人热情地带着多多和米娜参观了他的农田。因为地处河流两侧，加上降雨充沛，农作物都长得很好，看来又是一个丰收年，难怪主人有钱盖这么漂亮的屋子。吃过鲜美的烤鱼之后，

多多念念不忘，总想看看有什么稀奇的动物能够烤来吃，便向捞鱼人咨询。捞鱼人告诉他们：有一种鸟叫作斑嘴鹈鹕，味道非常鲜美，但是现在被列为保护动物了，不能捕杀，如果他们幸运的话也许能遇到。

多多当然不会为了自己的贪吃而牺牲小鸟的生命啦，不过对于这个叫斑嘴鹈鹕的鸟到底长什么样子，他很好奇呢。

第11章

巧遇金雕和斑嘴鹈鹕

吃过中午的烤鱼，多多和米娜有了更多的力气跟着路易斯大叔赶路，他们深一脚浅一脚地走在乡间小路上。

可孩子的天性总是这样，东张西望的，慢慢地就落后了路易斯大叔一大截。突然多多和米娜发现旁边的草丛里有动静，便屏住气静静地看，原来是一只蹦蹦跳跳的小兔子，他们看着周围茂盛的青草，

生怕突然窜出来一只凶猛的野兽，于是赶紧追上路易斯大叔牵着左右手了。

忽然，路易斯大叔蹲下紧紧地抱住他们两个，多多还没反应过来，就看到一只很大的鸟向他们附近飞过来，边飞边发出叫声，叫声很大，像老鹰叫一样，然后迅速地飞落到草丛里，捉住一个东西，瞬间又飞回天空走远了。

这时候路易斯大叔才放开他们两个，原来刚刚多多遇见的那只小兔子成了这个鸟的猎物。不明就里的米娜问这是怎么回事。

路易斯大叔告诉他们："这是一种叫金雕的鸟，可以长到很大，张开翅膀能有两三米，爪子尖锐又有力量，专门吃小动物和比它小的鸟类。"

　　"那你为什么把我们藏起来不让我们也看看它是怎么捕食的！"米娜抱怨道。

　　"我这可是为你们好啊！你知不知道，这个鸟的力量很大，有时候甚至能抓起一个小孩，我是怕你们两个万一被它盯上，即使不被抓走，被啄伤也不好啊！"

　　"哦，原来是这样，我们错怪你了，对不起啦大叔！"米娜扮着鬼脸逗路易斯大叔。

　　紧接着前面就是一条河了，在河面上有许多不知名的鸟儿觅食，鸟儿们时而飞翔在空中，时而俯冲向水面，捉出一条鱼来。看着这些鸟，多多羡慕起来，它们多厉害啊，比路易斯大叔的钓鱼技术还要好！正想着，只见米娜示意路易斯大叔蹲下，悄悄地指指面前的草丛，多多也蹑手蹑脚地跑过去，看到草丛里有一只很大的鸟，它有一个粉红色的巨大嘴巴，还是扁扁的，身体和嘴巴差不多长。路易斯

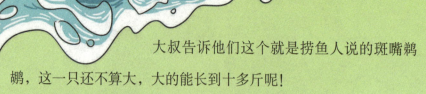

大叔告诉他们这个就是捞鱼人说的斑嘴鹈鹕，这一只还不算大，大的能长到十多斤呢！

正说着，这只鸟慢慢地走到了水边，把头先伸进水里，然后整个身体潜入水中。

"路易斯大叔快看，这个鸟会潜水！"米娜很惊讶，她觉得鸭子是浮在水面上活动，但是斑嘴鹈鹕却要潜入水底玩耍，像鱼一样。

路易斯大叔告诉别着急，一会儿还有更好看的。

果然，静静地看了一会儿之后发现它从水里浮出来了，扁扁的嘴巴里夹着一条鱼。原来它是下水捕鱼了！只见它三下五除二就把一条鱼吞到了肚子里，吃食的速度也了得啊！等它上了岸，

多多想要近距离观察一下，于是就慢慢地向它走去，可能是吃饱了的缘故，这只鸟没有心思觅食，对周围的环境警觉起来，它发现了逼近的多多，展开翅膀迅速飞走了。

路易斯大叔和米娜冲着没有得逞的多多哈哈大笑，笑话他连一只鸟都对付不了。不过路易斯大叔告诉他这也不全怪他的脚步声太重，鸟类在安静的环境里生活惯了，再细微的声响都逃不过它们的耳朵的。

"耳朵？它们也有耳朵吗？可是我怎么没有看到？"多多好奇地问。

"当然有耳朵啦！它们为了减少飞行阻力，耳朵藏在了羽毛下面，没有耳廓，只有简单的一个声音接收系统。

当然除了猫头鹰以外。"米娜抢答到。路易斯大叔称赞了她的博学。

看着远去的斑嘴鹈鹕，两个孩子感慨它那么大的体重还能飞那么快，就像刚才的金雕一样。

天色渐渐暗了，三个人找了块干燥地方支起了帐篷，在河里钓了鱼烤了烤当作晚饭，又在帐篷四周生了火防止深夜野兽的打扰，就这样天作被地作床美美地睡去了。

斑嘴鹈鹕

　　斑嘴鹈鹕，主要生活在海岸、江河湖泊和沼泽地带，食物以鱼类为主，偶尔也吃蛙类和蛇类。它体长能达到1.5米，体重甚至可以达到5千克以上，它的嘴非常粗长，粉红色，很有特点。它游泳的时候脖子伸直，嘴朝下，姿势优美。

　　斑嘴鹈鹕主要是单独生活，有时候也会一小群在一起生活，善于游泳，飞行能力很强，捕鱼本领高超。它的巢穴主要建在湖边，有时候也会建在沼泽和湿地中的大树上，巢穴主要是用树枝和干草搭成的。它每次产卵三四枚，孵化期需要大约30天。

第12章

生机勃勃的斯库台湖保护区

早晨起来，天气有些闷热，看样子快要下雨了，路易斯大叔催促多多和米娜赶紧起床，还要赶路呢！

三个人从帐篷里出来，把帐篷收拾好，就又开始了他们的旅程，越走越往草原深处去了，小路两边可以看见各种各样的小动物，一不留神，多多还踩了一脚某个动物的大便，逗得大家哈哈大笑。

"路易斯大叔，为什么这里很少有人，只有动物呢？"清理好鞋子之后，多多问。

"你们知道我们现在在什么地方吗？"路易斯大叔先不回答他，倒卖起了关子。看到两个孩子都摇头，路易斯大叔继续说："我们现在是在斯库台自然保护区啊！"

　　"哦，我知道了！"多多迅速地回答道，生怕米娜先说抢了他的风头，然后像背书一样叙述起来，"斯库台湖保护区是指在斯库台湖附近的这部分区域，还要知道这个保护区不只是阿尔巴尼亚一个国家的哦，它可是由黑山的一部分和阿尔巴尼亚的一部分共同组成的，而且

这个斯库台湖正是这两个国家的分界线！对不对啊，路易斯大叔？"

"对，你说得很正确，那接下来就由你作为导游来带着我们参观一下这个保护区吧！"路易斯大叔故意为难多多。

"嘿嘿，大叔，这个我就不知道了，我只知道这些，还是路易斯大叔您懂得比较多，我就不要班门弄斧了！"多多吐着舌头调皮地辩解。路易斯大叔也不再为难他，和他们一起继续向前进发。

路上路易斯大叔告诉他们，虽然现在阿尔巴尼亚保护区的环境很好，动物种类也很丰富，可是在几年前这里还是一片荒蛮之地，各种动物生活在其中，但是没有很好的保护，任由一些人随意打猎，就像捞鱼人讲过的那样，因为动物的肉鲜美就会被人们捉去吃掉。近几年随着这个国家的经济增长，政府对物种繁多的重要性有了更好的认识，所以才开始投入资金对这个地区的动植物进行保护，而且还和黑山的政府进行合作，现在他们看到的就是初见成效的保护区了。

哦，原来是这样。多多心里想，既然湖的对面就是黑山，那么不如多走一段路，干脆到黑山也看一看。他把这个想法告诉路易斯大叔后，路易斯大叔却笑他太天真了："你知道这个湖有多大吗？"

多多摇了摇头，路易斯大叔告诉他们，这个湖雨季的时候湖面能达到530平方公里，再加上周围的山地和丘陵，整个保护区就更大了，用脚是不可能走完的。而且保护区里有食草的温顺动物，也有食肉的凶猛动物，像狼和狗熊，如果遇到的话就惨了。

"那这里有多少种鸟呢？"米娜转移了一个话题。

"据统计大概是300多种。"

　　"这么多！那这里的食物够吗？"米娜为小鸟担心道。

　　"这个你就不用担心了。"路易斯大叔告诉她，这里光是鱼就有四五十种，而且还有各种各样的植物，可以给小鸟提供草籽当食物，大自然自然有它的奥妙呢！

　　天下起了小雨，路易斯大叔的旅行箱真是个百宝箱，他居然拿出一把伞来，原来他知道这个国家的降雨非常多，所以出门前就备了一把。虽然雨淅淅沥沥地下，但是并不影响多多和米娜观赏保护区的兴致，他们一边走在回去的路上一边东张西望，想看看下雨的日子小动物们都躲到哪里去了，是回家了吗？他们的家又在哪里呢？这些问题等以后再上网详细地查一下吧，今天要快点儿回去了，不然就会被淋湿了。

第13章

布特林特古城游

"今天，咱们去一个特别有意思的地方，布特林特国家公园。"在出租车上，路易斯大叔对多多和米娜说道。

多多和米娜一听到去公园，本来期待的心情马上变得无影无踪。

"公园有什么好玩的！"多多马上向路易斯大叔抗议。

"哈哈，这座公园可是很特别的。"路易斯大叔得意的说："这座公园里面有一座古城。"

"古城？"多多和米娜的好奇心马上被勾了起来。路易斯大叔向多多和米娜说起了这座公园里的古城的由来。

"最早在1928年，由意大利政府派遣的一支地理政治考察队，在布特林特发现了这座古城。1943年，他们发掘了古城的古希腊和古罗马部分。之后随着断断续续的发掘和考古行动，这座古城的历史逐渐浮现在世人眼前。由于几经战乱和动荡，世界遗产委员会1997年把布特林特列入世界濒危遗产名录。直到2000年，阿尔巴尼亚政府设立了布特林特国家公园，在国家和国际社团的帮助下，这里的情况获得好

　　转。到了2005年，联合国教科文组织才把布特林特从濒危世界遗产的列表中消除。"

　　"说了这么多，我们还是去看看吧。"好奇的多多又是第一个提议道。

　　"已经到了，前面我们看到的建筑，就是属于古城的威尼斯塔。"

　　看了一眼因为听到这个名字露出疑惑表情的两个小家伙，路易斯大叔拍了拍额头："布特林特古城的历史十分久远，在公元前8～10世纪就有人类在此居住，先后经历了罗马帝国、拜占庭、东歌特人，之后几度易手于第一保加利亚王国、拜占庭、伊庇鲁斯王国、安茹王朝、威尼斯，直到1267年被西西里的查理一世占据，1386年又被威尼斯共和国购买。之后这个地区又历经拿破仑时期的法国控制，在1799年被奥斯曼帝国攻占。而在1912年阿尔巴尼亚独立的时候，这座经历了繁荣、地震、战乱、衰败的古城，已经被彻底地掩盖在尘泥之中。"

路易斯大叔停下来喝了一口水总结道："你们现在看到的这座威尼斯塔，就是16世纪威尼斯人为了防御土耳其人建造的。"

两个小家伙看到说得起劲的路易斯大叔终于停了下来，偷偷地擦了一把汗。

"没想到这座造型奇特的石塔，居然是一座军事建筑。"米娜看着石头墙壁上细窄的窗口，若有所思地说。

逐渐走进古城所在的高地，一路上各

种风格的建筑，已经在时间的冲刷下变得残破。古城特有的沧桑和厚重，让人仿佛可以穿过时间的壁垒看到先民在这座城市中繁衍生息的幻影，带给三个人时空错乱的感觉。直到到达卫城时，一座建筑吸引了多多的注意力。

看得出，这曾经是一座宏伟的建筑，但如今只剩下华丽拱门的墙壁，诉说着昔日的辉煌。"大教堂！"路易斯大叔高声说道。"教堂？为什么给我的感觉有点不太对。"米娜的表情看起来有些不确定。

"准确的说，是巴西利卡布局的教堂，和现在的教堂结构还是有所区别的。巴西利卡是古罗马的一种公共建筑形式，其特点是平面呈长方形，外侧有一圈柱廊，主入口在长边，采用条形拱券做屋顶。后来的教堂建筑基本源于巴西利卡。直到今天，罗马天主教的用语中有特殊地位的大教堂仍被称为巴西利卡。当然这时候巴西利卡的意思已经发生了变化了。"两个小家伙听着路易斯大叔的解说

继续在古城探索起来。

"嘿，我难道看见一个古代体育馆？"多多叫道。

"哦，是希腊剧场。"路易斯大叔停下了脚步，"那是希腊人在公元前3世纪修建的剧场，据说至今还在使用。在当时，这座可以容纳1500多人，一共有25排座位的剧场可是城市繁荣的见证。来，跟着我。"

路易斯大叔拉着多多和米娜靠近了剧场："环绕剧场的建筑

群曾经是两座神庙，除了已经迁移到地拉那博物馆的两座古希腊神祇的雕像'酒神''太阳神'外，最重要的就是这些碑文。"路易斯大叔指着林立的石碑说，"这些石碑经过考古学家的研究，大部分是以解放奴隶为主题的。"

大自然的力量曾经掩盖了这一切，就像掩盖无数曾经灿烂辉煌的文明和历史，在时间的消磨下，最终留给我们的，就是这些伟大的建筑、艺术和人类不曾熄灭的不屈精神。终有一天，我们的文明将成为古老传说的一部分，希望那时我们已经留给了后来者不逊色于布特林特古城的财富。

第14章

有趣的"博物馆城市"

"你们知道路易斯大叔最感兴趣、最了解的东西是什么吗？"路易斯大叔忍不住露出得意的神色，期待地看着多多和米娜。

"好吃的！"两个小家伙难得的意见统一起来。

"咳咳……"路易斯大叔尴尬地咳嗽了一声，微微发窘的说，"这也算其中之一吧，但是大叔最了解的，还属世界各地城市的博物馆。"

　　"今天我们要去的就是一座城市博物馆吗？"机灵的多多马上开始猜测起来。

　　"不。"路易斯大叔神秘的笑了笑，"是博物馆城市。我们要去的地方就是阿尔巴尼亚有名的'石头城'——吉诺卡斯特古城，是阿尔巴尼亚境内一座保存完好的奥斯曼帝国城镇，由于其悠久的历史和

独特的魅力，被之前的统治者霍查称为'博物馆之城'。"路易斯大叔解释道。

话音刚落，多多已经拉着米娜欢呼着冲出了门："出发了，路易斯大叔！"

"为什么叫作'石头城'呢，难道是因为整座城市都是由石头建造的吗？"在快要到达目的地的时候，细心的米娜注意到了这座博物馆城市的别称。

"没错，整座城市的建筑都是依山而建的，当地居民就地取材，用石头来建造房屋，一般的房屋屋顶都使用瓦片，但当地居民为了方便，干脆用岩石片取代了瓦片，这里的屋顶也就成为了独特的岩石片的了，所以就被称为'石头城'了。"路易斯大叔赞许地看了一眼米娜说道。

路易斯大叔指着高处依稀可见的巍峨城墙和钟楼告诉多多和米娜那就是吉诺卡斯特古堡，在城市的最高处，等一会儿到了那里，再往山下看，就能够更好地感受到岩石片屋顶的独特了。顺着路易斯大叔指的方向看过去，古堡建造在一座高地之上，非常巨大，看起来很雄伟。

古城中的建筑都是19世纪建成的，由于山势的影响，每一个房

屋都必须依山而建，这使得每一座房屋都有自己的独特之处。有趣的是，这些房屋都拥有相同数量的厢房。在阿尔巴尼亚的其他地方，乃至整个欧洲，都无法看到这样的房屋建筑。

"大叔，讲讲这座城市的历史吧。"多多转了转眼珠，望向路易斯大叔请教起来。

"吉诺卡斯特古城在公元前6世纪就开始修建了，据说是欧洲最早最大的山地军事要塞之一。城堡拥有88门大炮，城墙厚8米，全部用巨石砌成。你们看到的城堡上竖起的钟楼，那是在古堡建成至少

1000年后竖立起来的，钟声能传遍全城。钟楼下面还有一座教堂，当然，时至今日，已经荒废了。"路易斯大叔一边领着多多和米娜走进城堡，一边介绍着古堡的历史，"从高处俯瞰，整个古城的结构看起来就像一座巨大的舰船。

　　在导游书上，吉诺卡斯特被夸张地描述为"阿吉罗卡斯特龙"。这表现出这里的居民对自己家乡的喜爱，这里的钟楼、教堂、和仍在承担着阿尔巴尼亚戏剧节重任的舞台，与远处苍茫的雪山一起，完美地解释了"鬼斧神工"的含义。

由于吉诺卡斯特独特的地势和结构，在历史上一度被作为监狱使用，直到1971年才成为博物馆。城堡中的国家武器博物馆，保存了大量反法西斯战争中的武器和相关的雕塑、绘画。最抢眼的武器展品是一架1957年的美国军事侦察机。如今硝烟散去，只剩下逐渐被岁月磨平的伤痕。

第15章

热闹的戏剧节

　　到了旅馆，多多和米娜将背包一放，就围在路易斯大叔的身边，他们很想知道接下来还有什么好玩的事情。路易斯大叔告诉多多和米娜这几天刚好是阿尔巴尼亚的戏剧节，而吉诺卡斯特正是阿尔巴尼亚戏剧节的故乡，每年的戏剧节都在这里举行，非常热闹，也是一个了解阿尔巴尼亚戏剧和阿尔巴尼亚文化的好机会。

　　听到路易斯大叔的话，喜欢热闹的多多可高兴了，那么多人的大聚会，又有传统的阿尔巴尼亚戏剧，真是太棒了！米娜听到这个消息也非常高兴，她也想借这个机会好好了解一下阿尔巴尼亚的戏剧。

第二天一大早，路易斯大叔就带着多多和米娜走到了街上，已经有很多来自阿尔巴尼亚各地的戏剧表演家在准备着精彩的表演了，也有来自世界各地的戏剧爱好者，他们也是为了感受阿尔巴尼亚戏剧的魅力特地而来的。到处都可以看到穿着传统服饰的当地人，他们的服饰都非常漂亮，走在街道上就给人一种浓郁的历史感。看到这些传统服装和戏剧表演，就好像突然穿越了历史，来到了古代，真太有意思了！

在一些空旷的地方，已经搭起来很多简易的戏台子，都是用木板铺成的，大约有半米高，整

个台子也不是太大，几米长，几米宽的样子。前面一个台子前围了很多人，台上已经开始表演了，人们都穿着传统服装，台上有桌子、椅子等，一看就是室内的场景。演员们正在投入地表演，路易斯大叔带着多多和米娜来到了旁边，他说这戏剧的名字叫《爱米拉》，作者是山托尔，戏剧描述的是19世纪阿尔巴尼亚农村的生活和风情。听到路易斯大叔这么说，多多和米娜看得更认真了，他们也想多了解一下以前阿尔巴尼亚人民的生活场景。

过了一会儿，路易斯大叔又带着多多和米娜来到了另外的地方，这里也在表演，但是人物服装就换成了战争时候的。路易斯大叔告诉多多和米娜这戏剧的名字叫作《渔人之家》，作者皮塔尔卡是阿尔巴尼亚著名剧作家，也是一位有名的演员，剧本描述的是阿尔巴尼亚反法西斯的故事。看到舞台上演员投入的表演，多多和米娜仿佛也跟着剧情回到了上世纪那个战争的年代，确实是非常精彩的剧本，非常精

彩的演出！

　　路易斯大叔说这个剧本非常出名，后来也改编成了电影，名字叫作《海岸风雷》，不但在阿尔巴尼亚国内很有名，还到多个国家演出，很受欢迎，影响力很大。

　　"皮塔尔卡还写了一部《斯坎德培》，这部剧本主要歌颂的是阿尔巴尼亚的民族英雄斯坎德培，我们在地拉那的广场上还看到过他的雕像呢，你们还记得吧？"路易斯大叔继续说道。

　　多多和米娜当然记得了，那是他们刚来地拉那的时候，印象很深刻。路易斯大叔就带着多多和米娜来到了表演戏剧《斯坎德培》的舞台前，由于对这个人有一定了解，多多和米娜这次看得非常认真，直到看完完整的戏剧才离开。这些演员的精彩表演让他们对这个阿尔巴尼亚的民族英雄有了全新的认识，真是非常值得看的戏剧。

　　"阿尔巴尼亚有这么多精彩的戏剧，那它的戏剧历史应该也非常久远吧。"多多和米娜非常想了解一下阿尔巴尼亚的戏剧历史，这样可以对阿尔巴尼亚的戏剧有更好地了解。

　　"其实不是的，阿尔巴尼亚由于长期受外族统治，直到19世纪才开始有自己的戏剧。而那些生活在国外的阿尔巴尼亚人创造的戏剧更早一些，也出现过一些有名的戏剧家，比如刚才我们看到的戏剧《爱米拉》的作者山托尔就是生活在国外的阿尔巴尼亚的剧作家。"路易斯大叔耐心地给多多和米娜讲解着阿尔巴尼亚的戏剧历史。

　　看完精彩的戏剧表演，三个人跟着人群来到了聚会的地方。在这里，人们聚集在一起，感受阿尔巴尼亚戏剧节的狂欢。不同肤色和种族的人们聚集在这里，有的人穿的是传统服饰，有的人则穿得非常时尚，不管是谁，都随着音乐跳起来了，大家在一起共同体验着这个聚会的欢乐。多多和米娜也受到了感染，加入到了狂欢的人群中去了。

　　时间过得很快，热闹的戏剧节结束了，而留给多多和米娜的则是美好的回忆，他们在这里度过了难忘的时光，也收获了很多，他们觉得来到这里非常值得。

阿尔巴尼亚的戏剧

　　阿尔巴尼亚戏剧产生比较晚，最早的萌芽都是在国外，主要是定居海外的阿尔巴尼亚剧作家的作品。到了19世纪末期，阿尔巴尼亚国内才开始有了戏剧发展。最著名的阿尔巴尼亚剧作家是皮塔尔卡和恰佑比，他们对阿尔巴尼亚国内戏剧的发展作出了突出贡献。

　　现在，阿尔巴尼亚戏剧发展得很好，已经形成了自己独特的风格，很好地展现了阿尔巴尼亚的传统文化，也越来越受到当地人的欢迎。现在，每年都会在吉诺卡斯特城堡举行阿尔巴尼亚戏剧节，以此展现阿尔巴尼亚的历史和文化。

第16章

培拉特的加拉城堡

"其实，在阿尔巴尼亚有很多非常古老的城堡，接下来，我们还要去看一座城堡，也非常古老，非常有名，那就是培拉特的加拉城堡。"路易斯大叔坐在椅子上，一边用手搅拌着咖啡，一边对多多和米娜说道。

　　每次路易斯大叔告诉他们要去一个新的地方，多多和米娜就兴奋异常，这次也不例外。他们争先恐后地收拾好自己的东西，抢着跑出酒店，催着路易斯大叔带他们上了长途车，然后就一路拌着嘴，向着培拉特出发了。

　　经过一番颠簸，他们到达了培拉特。三个人没有休息，就直接招了一辆出租车，去了城郊的加拉城堡。到了山脚下，大家下了车，抬头望去，山脚下有很多屋子，这些屋子都有一个特点，那就是都有非常多的窗子，路易斯大叔告诉多多和米娜，这里也非常出名，被人们称为"千窗之城"。在"千窗之城"前面有一条河，路易斯大叔告诉多多和米娜这就是奥苏姆河。

抬头向上看去，城堡就在山顶，但是走路非常远，要通过盘山路才上得去。三个人也没有停留，马上开始沿着盘山路往山上走。

"这座城堡是什么时候开始修建的呀？"多多和米娜想了解城堡的历史，于是就问路易斯大叔。

"其实，这座城堡从公元前4世纪就开始建设了，但是绝大多数建筑都是13世纪建设的，现在能看到的大部分建筑都是13世纪建造的，太古老的几乎都已经不存在了。"接着往山上走的这段路程，路易斯大叔向多多和米娜简单介绍了一下加拉城堡的历史。

很快就走到了山顶，来到了城堡的入口。城堡的门不是特别大，

在门洞里坐着一位老人，经过了解才知道原来这位老人是售票员。这个倒是很有特色，既没有售票亭又没有售票处，就这样坐在门洞里买票。三个人说笑了一会儿，买票进入城堡里。

　　刚进到里面，看到附近有一座阶梯状的建筑，可能以前是一个城门楼，只是现在残缺不全了。路易斯大叔告诉多多和米娜，现在这个地方特别受年轻人的欢迎，尤其是新婚夫妇，他们来到这里都会登上这个阶梯，据说这样可以给自己带来幸福。

　　"既然有这样的说法，那么我们也上去吧，沾点儿喜气也挺好呀。"说完这话，路易斯大叔就带着多多和米娜上到了阶梯上。在阶梯上，视野开阔了很多，突然，多多发现了一个像大烟囱似的建筑物，路易斯大叔告诉他们，那可能是以前的一个瞭望塔，便于观察山下的情形。

　　下了阶梯，他们沿着路继续往前走，这一段的城墙倒是保存的很完好，走了一段，他们看到了一座用小石头墙围成的建筑，可能是古代的一家人的房屋吧，或者是一个储存物质的房屋，它的门很有特色，路易斯大叔说这是月亮门，在城堡里非常多的。仔细一看，还真是很形象的名字呀，门的上面是半月形的拱形，古代的建筑家也是很有才华的，这样的拱形建筑能够保存到现在而且依然完好，真是非常难得呀！

走着走着，多多发现了一尊巨大的半身雕像，足有3米多高，靠在城墙上，雕像的下面还刻着一些阿尔巴尼亚文字，这也许是阿尔巴尼亚一个有名的值得纪念的人物吧，不过雕刻得确实很生动。在附近有一棵古老的树，由于在山坡上，被风吹到的那一面树枝很少，看起来好像整个树都是顺着风生长的，远远望去，就像是迎客松，在欢迎远道而来的人们。

接着，三个人来到了圣玛利亚教堂遗址，这是一座拜占庭风格的建筑，教堂外面有一个用柱子撑起来的走廊，柱子与柱子之间也是像月亮门一样的建筑，看起来依旧非常漂亮。走到里面，他们看到了保存在这里的奥奴夫里的油画，非常珍贵的艺术

品，画得非常精美，真让人意想不到，在这样的地方还能有如此精美的画作！

　　路易斯大叔又带着多多和米娜到处转了转，这座古堡真的有很多很有意思的地方，总能给多多和米娜一些小惊喜，这让他们非常高兴，也很享受这短暂的时光。离开的时候，两个孩子还真有那么一点儿恋恋不舍呢，但是他们很满足，觉得收获很大。

第17章

令人惊奇的"碉堡王国"

"阿尔巴尼亚有一个非常独特的景象，在这个面积仅有2.8万平方公里左右的国家，人口也就是300万左右，却有着几十万座碉堡，因此阿尔巴尼亚也被称为'碉堡王国'。你们知道这些碉堡是怎么来

的吗?"晚上休息的时候,路易斯大叔提出了一个让多多和米娜很感兴趣的话题。

这个时候,多多和米娜来了兴趣,围在路易斯大叔的身边,一定要他讲一讲这些碉堡的来历。路易斯大叔喝了一口咖啡,就开始慢慢为他们讲述。

"20世纪60年代,阿尔巴利亚内忧外患,政局不稳,当时的领导人认为这个国家很可能会发生战争,所以要提早进行准备。他们动员民众修建起大批的碉堡,这样,如果真的发生战争,人们就可以躲到碉堡里避开炮弹。你们知道吗?为了修建这批碉堡,总共花费了1亿

多美元呢！这在当时简直算是一个天文数字了。"路易斯大叔说。

"哇，真是太厉害了，建这么多碉堡，怪不得我们到处都能够看到一些建筑物，我以前不知道那是什么，原来那都是碉堡呀，真想不到。"多多想起了他在阿尔巴尼亚各个地方都看到过一些奇怪的建筑物，现在他知道那是什么了。

"其实，有的碉堡能看到，而有的碉堡却建在很隐蔽的地方。碉堡的大小也各不一样，有的只能容纳一个人，有的却是大仓库，用来储存粮食和武器弹药。这其中，最常见的是直径三四米的圆形碉堡，就像是大锅扣在了地上，很有意思。"路易斯大叔继续说着碉堡

的事情。

　　"以前是有战争危险，做好防备，现在已经是和平年代了，为什么不把这些碉堡都拆掉，还留着有什么用呢？"米娜对这个问题非常关心，忍不住问起了路易斯大叔。

　　"碉堡太多了，占地很多，原先的时候政府也想拆除，但是由于当时为了碉堡坚固，所用的材料非常好，甚至炮弹都炸不开，要是真拆的话，非常费劲。有一次，为了建一个度假海滩，阿尔巴尼亚政府请北约的工兵部队拆除几百个小碉堡，但是就是这几百个小碉堡也费了很大劲，挖掘机、吊车等大型设备都用上了，最后才勉强完成。"路易斯大叔继续说道。

"没想到这些碉堡还这么顽固呢，闲着也是浪费了，可以作他用呀，这样还可以发挥一点儿作用，不至于是一堆废物呀。"多多想到了废物回收利用。

　　"你这个想法很好，阿尔巴尼亚很多地方的农民也是这么做的，于是有的碉堡被当作仓库，有的则用来圈养动物，有的还被改造成了小卖部，甚至有些无家可归的人直接把碉堡改造成了一个家。有的还被改造成了路边的公厕，还有一些处于风景区的碉堡干脆被改建成客房，招待那些喜欢新奇的客人了。"路易斯大叔接着多多的话说。

　　"哈哈，没想到碉堡这么受欢迎呀，那好地方的碉堡还不被抢空了呀，谁抢到就是谁的呀。"多多继续发表自己的观点。

　　"当然不是这样了，改造碉堡也是有条件的，必须和政府签订协议，碉堡是国家的，只是使用权给个人，改造碉堡也不能改变太大，一旦有战争的话，国家在4小时之内将碉堡收回。"路易斯大叔指出了多多观点的错误之处，向他解释道。

　　"不过，由于改造很简单，而且不用交房租，还是受到很多人的欢迎的。其实，阿尔巴尼亚还有很出名的旅游产品，那就是碉堡烟灰缸，来阿尔巴尼亚的游客一般都会买一个带回去，很有意思的纪念品呀。等我们回去的时候，也买几个带回去，摆在家里，多好呀，对吧？"路易斯大叔说起了碉堡烟灰缸，多多和米娜对这个倒是很感兴趣，表示一定要带一个回家，虽然家里没人抽烟，但把它用作一个小摆设，也不错啊。

碉堡王国

　　"碉堡王国"是阿尔巴尼亚的美称，因为国内有几十万大大小小的碉堡而得名。走在阿尔巴尼亚国内，不论是在乡村，还是在城市，不论是在田间地头，还是在旅游胜地，都会看到碉堡的身影。这些碉堡都是上世纪中期建造的，现在已经进行开发，成为了旅游内容，为当地人带来了收益。

　　现在，随着旅游业的发展，碉堡不再局限于仅作为仓库，而是出现了许多很有特色的、和旅游有关系的新的用途，比如改建成酒店、酒吧或者咖啡馆等，也可以改造成小商店，售卖旅游纪念品等。

第18章

印象中的阿尔巴尼亚

这一天，路易斯大叔在自己的房间里喝咖啡，他考虑了一下，已经出来很长时间了，该是阿尔巴尼亚之旅结束的时候了。

路易斯大叔望着多多和米娜说道，"多多、米娜，这段时间咱们在阿尔巴尼亚游览了很多地方，在回家之前谈谈你们各自的感受吧。"

119

"虽然我们和阿尔巴尼亚人交往得并不深入，但是看得出来他们都很热情好客，而且他们对生活充满希望，他们的脸上时时刻刻都挂着微笑，这是我们应该学习的。"多多首先开口了，说了他对于阿尔巴尼亚人的印象。

　　"是呀，阿尔巴尼亚城市虽然都不大，但是非常干净整洁，这一点我觉得特别好，尤其是政府，做了很多努力，希望改善人们的生活环境，这一点值得称赞。"米娜说着自己对于阿尔巴尼亚城市的印象。

　　"你们说得都很好，但是你们对于阿尔巴尼亚的饮食有什么感悟吗？"路易斯大叔肯定了多多和米娜说的话，继续引导他们回忆

对于阿尔巴尼亚的印象。

"我就是感觉咱们去斯库台保护区的时候，吃的那个烤鱼，虽然什么调料都没有添加，但有着意想不到的鲜美味道！真想再次品尝一下呀。"多多抿了抿嘴，咽了口唾沫，好像还在回味烤鱼的美味呢。

"还有吗？"路易斯大叔问。

但是除了这个他们好像真的数不出什么阿尔巴尼亚饮食方面的东西了。

路易斯大叔告诉多多和米娜，在阿尔巴尼亚，玉米和小麦是主要的粮食作物。阿尔巴尼亚人主要以面包为主食，他们很喜欢酸辣口味的菜肴，白醋、胡椒等调味品受到人们的偏爱。煎、烤、炸是他们的主要烹调方法，他们做菜的时候喜欢用黄油。

此外，对于肉类，一般人喜欢吃羊肉，很多人也吃牛肉，但是吃鱼的不多。而且阿尔巴尼亚人非常喜欢喝咖啡，咖啡伴随着他们的每一天，在大街小巷随处都可见各种咖啡馆。他们对蔬菜和水果的需求量也很大，阿尔巴尼亚人也追求清淡、健康的饮食。

听完路易斯大叔的介绍，多多和米娜也更加了解阿尔巴尼亚人的饮食喜好了，没想到在离开之前还学到了一些知识。

收拾好了东西，路易斯大叔又替他们检查了一遍，他们就直接去了机场。

轰鸣声中，飞机起飞了，多多和米娜从窗户中向下看去，阿尔巴尼亚的一个个城市都在他们脚下，这就是这段时间带给他们快乐的土地，现在，他们要离开它回家了，两个孩子都在心里默默地说了声"再见，阿尔巴尼亚！"

飞机飞过了一片平原，又飞过了几座高山，飞过了海湾……